AF382906

EN FINIR AVEC LA PROCRASTINATION

Techniques et astuces pour ne plus reporter les tâches au lendemain

Par Hélène Nguyen Gateff

50MINUTES.fr

50MINUTES.fr

DEVENEZ UN PRO
EN BUSINESS !

Les clés du networking

Maîtriser l'art du storytelling

Optimiser sa communication écrite

Maximiser ses capacités intellectuelles

Devenir un manager bienveillant

EN FINIR AVEC LA PROCRASTINATION

- **Problématique ?** Comment ne plus ajourner sans cesse les nombreuses tâches que l'on voudrait accomplir, mais que, pour des raisons multiples, on reporte systématiquement ?
- **Utilité ?** Arrêter de contourner ce que nous avons à réaliser et faire enfin preuve d'efficacité au bureau comme à la maison apporte une forme de sérénité, une tranquillité d'esprit bien méritée.
- **Contexte professionnel ?** Organisation personnelle au travail, gestion de projet, etc.
- **FAQ ?**
  - Que désigne exactement le terme « procrastination » ?
  - Existe-t-il un profil type du procrastinateur ?
  - La vie moderne favorise-t-elle la procrastination ?
  - Quelles sont les causes possibles de la procrastination ?

- Si je m'adonne à la procrastination, c'est que je dois en tirer des bénéfices. Lesquels ?
- Quelles sont les tâches concernées ?
- En combien de temps puis-je espérer modifier mon comportement ?
- Je n'arrive pas à dépasser ma procrastination seul, comment puis-je me faire aider ?

« Qu'éprouvez-vous quand vous pensez à votre tendance à remettre au lendemain ? » Cette question a été posée à des personnes d'âges différents ayant déclaré avoir ce genre de comportement. Toutes ont expliqué que procrastiner engendre des émotions négatives :

- un sentiment de culpabilité : « Je sais que je ne devrais pas », « Je ne suis jamais tranquille » ;
- une impression de perdre le contrôle : « C'est plus fort que moi, je suis dépassé(e) » ;
- une mauvaise estime de soi : « Je n'arrive pas à faire face », « Je suis dans la fuite », « Je manque de volonté ».

La vraie procrastination, celle qui amène une personne à avoir sous le coude une liste de tâches à accomplir qui s'allonge de jour en jour, aura tôt ou tard un impact négatif sur sa vie profession- nelle et personnelle.

Vous vous considérez également comme un procrastinateur régulier ou occasionnel, que ce soit dans votre vie professionnelle ou privée ? Vous souhaitez enfin arrêter de remettre systé- matiquement certaines tâches ? Cette envie de changement est le plus important, car, comme le disait Diderot (écrivain français des Lumières, 1713-1784) dans *Éléments de physiologie* : « C'est du désir que naît la volonté. »

Modifiez votre comportement en suivant notre plan d'action divisé en trois étapes. Grâce à quelques techniques et astuces, vous cesserez de reporter à demain ce que vous pouvez et voudriez faire dès aujourd'hui.

B.A.-BA DU FUTUR EX-PROCRASTINATEUR

1RE ÉTAPE : CIBLEZ ET DÉLIMITEZ VOTRE CHAMP D'ACTION

À ce stade, il s'agit tout simplement de définir vos objectifs. Pour ce faire, il vous suffit d'établir quatre listes. Prévoyez 30 minutes au maximum pour réaliser cet exercice.

Votre liste de tâches en vrac

Dressez une liste, en vrac, de tout ce que vous voudriez faire, mais que vous reportez sans cesse. Mêlez des tâches personnelles et professionnelles, sans vous préoccuper de leur degré d'importance. Par exemple :

- classer les factures de ces six derniers mois ;
- recoudre le bouton de mon manteau ;
- organiser une réunion en région ;
- refaire mon curriculum vitae ;
- téléphoner à cinq nouveaux clients potentiels ;

- préparer ma présentation commerciale prévue dans 10 jours ;
- vider et ranger ma cave ;
- changer le pneu de mon vélo ;
- consolider mes étagères de livres ;
- prendre rendez-vous chez le médecin.

Vous observez que ce type de liste comporte à la fois des tâches importantes et lourdes de conséquences et des tâches mineures dont l'impact est relativement insignifiant. N'établissez surtout aucune hiérarchie, jetez en vrac tout ce qui vous vient à l'esprit sans vous censurer.

Votre liste de désagréments

Dans un second temps, sélectionnez les dix tâches qui vous paraissent les plus importantes – tant mieux si vous en avez moins de dix ! – et analysez rapidement les désagréments liés au fait de reporter ces tâches. Réfléchir à ces effets négatifs et les noter vous aidera à identifier des sources de motivation et à établir vos priorités. Les désagréments subis doivent être décrits de manière très précise, comme le présente le tableau ci-dessous.

Tâche reportée	Désagréments liés au report
Classer les factures de ces six derniers mois	• Je perds du temps chaque fois que je cherche une facture. • Mon supérieur hiérarchique pense que je manque de sérieux et d'organisation.
Changer le pneu crevé de mon vélo	• Je suis frustré(e) car je ne peux pas utiliser mon vélo. • Je manque d'exercice donc je suis à la fois fatigué(e) et énervé(e).
Recoudre le bouton de mon manteau	• Je suis agacé(e) de me voir chaque matin dans le miroir avec ce bouton qui manque. Je me trouve négligé(e).
Mettre mon curriculum vitæ à jour	• Je sens que je ne me prends pas en main pour changer de job et que je m'enferme dans une situation qui ne me convient pas.

© 50MINUTES.fr

Votre liste de bénéfices

Transformez maintenant ce tableau en vous projetant dans la situation qui sera la vôtre une fois ces dix corvées accomplies. Pensez : « Quand j'aurai accompli la tâche, j'en tirerai le bénéfice suivant », et non « Si j'accomplissais cette tâche, j'en tirerais le bénéfice suivant. » Il s'agit d'un simple exercice de reformulation qui vous permettra de changer de posture.

Tâche	Bénéfice
Quand j'aurai classé les factures de ces six derniers mois…	• … je ne perdrai plus de temps pour en chercher une et je pourrai utiliser ce gain de temps pour une activité gratifiante (un café, une pause). • … je gagnerai de la considération de la part de mon supérieur hiérarchique.
Quand j'aurai changé le pneu crevé de mon vélo…	• … je pourrai me promener dans les bois le dimanche avec mes amis, m'aérer, me détendre.
Quand j'aurai recousu le bouton de mon manteau …	• … je me trouverai plus soigné(e) lorsque je me regarderai dans le miroir.
Quand j'aurai mis mon curriculum vitæ à jour…	• … j'aurai fait le point sur le type de job auquel je peux aspirer, je pourrai plus facilement me projeter dans l'avenir et serai prêt(e) à répondre à une éventuelle proposition de travail.

© 50MINUTES.fr

Votre liste de pollueurs

Réfléchissez maintenant à ce qui, dans votre environnement, favorise votre tendance à remettre les choses au lendemain et sélectionnez quatre éléments sur lesquels vous pouvez agir. Puis décidez de mettre en œuvre une action pour éliminer chaque « pollueur » identifié. Par exemple :

Pollueur	Action
Je ne dors pas assez parce que je regarde la télévision tard le soir.	Je change la télévision de place pour ne plus être tenté(e) de la regarder au lit.
Je manque d'énergie durant la matinée, car comme je me lève trop tard, je ne prends pas le temps de petit-déjeuner le matin.	Je règle mon réveil 15 minutes plus tôt et prends le temps de me préparer un petit-déjeuner. Comme je suis lent(e) le matin, j'installe mon couvert la veille au soir.
Je déjeune souvent avec des collègues qui tiennent des propos négatifs.	Je vais déjeuner plus tôt ou plus tard, prétextant un régime ou des courses à faire.

© 50MINUTES.fr

Pollueur	Action
Je regarde mes emails toutes les 10 minutes.	Je me fixe des horaires bien définis pour regarder ma messagerie, par exemple : à 9 h, 11 h 30, 13 h, 16 h, 18 h. Le reste du temps, l'accès à ma messagerie reste fermé.
Je ne mets jamais mon portable en mode silencieux quand je travaille.	Je me fixe des horaires bien définis pour regarder mes sms et appels téléphoniques. Le reste du temps, mon portable est en mode avion.

© 50MINUTES.fr

2^E ÉTAPE : PLANIFIEZ LE CHANGEMENT

Vos cinq actions prioritaires

Pour sélectionner vos cinq actions prioritaires, vous pouvez utiliser la matrice d'Eisenhower. C'est l'ancien président des États-Unis Dwight

David Eisenhower (1890-1969) qui aurait inspiré cet outil d'aide à l'organisation. L'objectif de cette matrice est de nous aider à classer nos tâches en fonction de deux critères : leur urgence et leur importance. Vous constaterez à quel point il est utile de faire la distinction entre ces deux notions. Dwight D. Eisenhower aurait déclaré : « Ce qui est important est rarement urgent, et ce qui est urgent rarement important. » Ces deux critères sont représentés sur les deux axes du graphique suivant : l'urgence en abscisse (ou axe horizontal) et l'importance en ordonnée (axe vertical).

La matrice d'Eisenhower

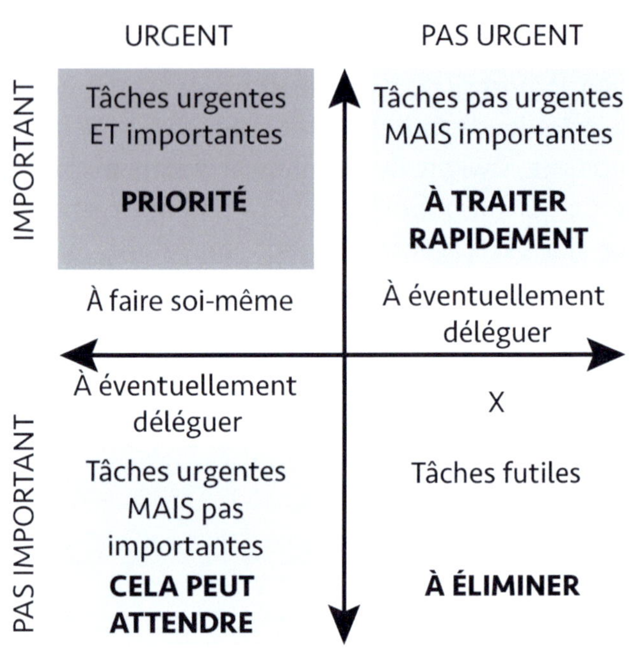

Reprenez la liste en vrac de ce que vous voudriez faire sans parvenir à vous y mettre, et positionnez chacune des tâches dans une des cases de la matrice. C'est fait ? Votre liste prioritaire est celle qui se situe dans la case qui se trouve en haut à gauche et s'intitule « Important et urgent ». Bonne nouvelle : toutes les tâches qui figurent dans la case « Pas important et pas urgent » peuvent être abandonnées définitivement ! Si toutes vos tâches se situent dans la case « Important et urgent », refaites l'exercice en menant une réflexion plus approfondie sur chacune des tâches pour arriver à hiérarchiser leur importance et leur degré d'urgence.

Vous devriez donc disposer d'une liste courte de maximum cinq tâches à réaliser rapidement. Vous pouvez considérer que vous venez de franchir l'étape qui est sans doute la plus décisive puisque vous avez défini vos objectifs avec précision. Vous venez de passer de « J'ai maintes choses à faire que je ne fais pas » à « J'ai identifié cinq tâches urgentes et importantes que je vais accomplir ». Vous vous êtes placé dans une démarche constructive.

EXEMPLE DE LISTE PRIORITAIRE

1. Organiser un rendez-vous avec la société Dumont pour faire le point sur l'année

écoulée et proposer de nouvelles presta-
tions pour l'année à venir ;
2. Finir le tableau de chiffre d'affaires par
   client et par mois ;
3. Ranger mon bureau et jeter ou archiver
   50 % des papiers ;
4. Prendre rendez-vous avec le technicien
   pour la mise à jour de mon ordinateur ;
5. Mettre mon CV à jour.

Votre gestion du temps

Évaluez le temps nécessaire à la réalisation de chacune de ces actions. Si certaines tâches sont très chronophages, vous pouvez les découper en deux ou trois étapes. De la même manière, pensez à distinguer, le cas échéant, les différentes composantes d'une tâche.

À ce stade, il est important de prendre le temps d'élaborer un « budget temps » réaliste. Inutile de gonfler artificiellement le temps nécessaire : vous risqueriez d'éprouver un certain découragement à l'idée des journées de travail qui vous attendent. À l'inverse, veillez à ne pas sous-estimer l'ampleur des tâches que vous avez à réaliser, car vous pourriez avoir de mauvaises surprises lorsque vous passerez à l'action. Il s'agit donc d'attribuer à chacune des tâches de notre liste ci-dessus un volume horaire réaliste.

Tâche	Temps nécessaire estimé
1. Organiser un rendez-vous avec la société Dumont pour faire le point sur l'année écoulée et proposer de nouvelles prestations pour l'année à venir.	• Envoi du message : 3 minutes • Préparation du rendez-vous : 3 heures
2. Finir le tableau de chiffre d'affaires par client et par mois.	• Deux fois 1 h 30
3. Ranger mon bureau et jeter ou archiver 50 % des papiers.	• Deux demi-journées
4. Prendre rendez-vous avec le technicien pour la mise à jour de mon ordinateur.	• Prise du rendez-vous : 3 minutes • Sauvegarde de mes données : 1 heure
5. Mettre mon CV à jour.	• Deux fois 1 heure

© 50MINUTES.fr

Votre planning

Attribuez une date de réalisation à chacune de ces cinq actions. Lors de cette étape également, nous vous recommandons de prendre le temps de mettre en place un planning réaliste. Accordez-vous un délai suffisant pour réaliser vos tâches afin de ne pas passer brutalement de la procrastination à la suractivité ! À l'inverse, faites en sorte que votre planning soit suffisamment stimulant pour que vous puissiez en retirer un sentiment de satisfaction dans un futur proche.

Retravaillons notre liste précédente en fixant une échéance pour chacune des tâches et sous-tâches.

Tâche	Temps néces- saire estimé	Date de réalisation
1. Organiser un rendez-vous avec la société Dumont pour faire le point sur l'année écoulée et proposer de nouvelles prestations pour l'année à venir.	• Envoi du message : 3 minutes • Préparation du rendez-vous : 3 heures	• Lundi 4 janvier matin • Vendredi 8 janvier après-midi
2. Finir le tableau de chiffre d'affaires par client et par mois.	• Deux fois 1 h 30	• Mardi 5 janvier matin • Mardi 12 janvier matin
3. Ranger mon bureau et jeter ou archiver 50 % des papiers.	• Deux demi-journées	• Jeudi 7 janvier après-midi • Jeudi 14 janvier après-midi

© 50MINUTES.fr

Tâche	Temps néces-saire estimé	Date de réalisation
4. Prendre rendez-vous avec le technicien pour la mise à jour de mon ordinateur.	• Prise du rendez-vous : 3 minutes • Sauvegarde de mes don-nées : 1 heure	• Lundi 4 jan-vier matin • Mercredi 6 janvier matin
5. Mettre mon CV à jour.	• Deux fois 1 heure	• Lundi 10 janvier après-midi • Lundi 17 janvier après-midi

© 50MINUTES.fr

Vous l'aurez noté, nous avons planifié en début de calendrier les tâches les plus rapides à effectuer (deux coups de téléphone ou courriels le lundi matin). Il peut en effet être encourageant d'organiser une montée en charge progressive. Sachez aussi adapter les tâches à votre rythme personnel. Êtes-vous plutôt du matin ou du soir ? Avez-vous tendance à démarrer sur les chapeaux de roues en début de semaine ou à monter en puissance au fil des jours de la semaine ? Autant de questions qu'il est utile de vous poser pour optimiser votre organisation.

Ainsi, si vous êtes plus performant le matin, programmez les tâches qui vous demanderont le plus d'énergie à ce moment de la journée ; et, inversement, réservez les moments où vous savez que vous êtes le moins productif aux tâches qui vous semblent les moins éprouvantes. Notez chacune des tâches à mener sur votre agenda, au même titre que vos rendez-vous ou réunions afin de leur accorder la place qu'elles méritent désormais dans votre planning.

3ᴱ ÉTAPE : MESUREZ LES PROGRÈS ACCOMPLIS ET LE CHEMIN QU'IL VOUS RESTE À PARCOURIR

Votre bilan

La date de la dernière échéance prévue est arrivée, voici venu le moment fatidique d'établir un état des lieux : dressez un bilan quantitatif et qualitatif des actions accomplies. Il s'agit tout simplement de faire le point sur ce que vous avez fait en totalité, ce que vous avez fait en partie et ce que vous n'avez pas fait du tout. Reprenez votre liste et évaluez le pourcentage de réalisation de chacune des tâches fixées.

Tâche	Temps nécessaire estimé	% de réalisation	Nombre de points
1. Organiser un rendez-vous avec la société Dumont pour faire le point sur l'année écoulée et proposer de nouvelles prestations pour l'année à venir.	• Envoi du message • Préparation du rendez-vous	100 % 70 %	1 0,7
2. Finir le tableau de chiffre d'affaires par client et par mois.	• Première partie • Deuxième partie	100 % 40 %	1 0,4
3. Ranger mon bureau et jeter ou archiver 50 % des papiers.	• Première partie • Deuxième partie	100 % Non fait	1 0

© 50MINUTES.fr

Tâche	Temps nécessaire estimé	% de réalisation	Nombre de points
4. Prendre rendez-vous avec le technicien pour la mise à jour de mon ordinateur.	• Prise de rendez-vous • Sauvegarde	100 % Non fait	1 0
5. Mettre mon CV à jour.	• Première partie • Deuxième partie	100 % 20 %	1 0,2

© 50MINUTES.fr

La dernière colonne, « Nombre de points », sert à quantifier vos réalisations sous la forme d'un score. Pour ce faire, nous attribuons le même coefficient, c'est-à-dire la même importance, à chacune des sous-tâches, même si le temps de réalisation varie considérablement. L'idée est ici de considérer que le fait de passer un simple coup de fil peut être aussi utile qu'une demi-journée de rangement.

Dans notre exemple, nous avions un total de cinq tâches, chacune divisée en deux sous-tâches, ce qui donne un total de 10 points. Compte tenu de nos pourcentages de réalisation, nous obtenons un total de 6,3/10. Comment interpréter ce score ? À ce stade, porter un regard positif sur nos avancées est essentiel. Une première approche est de se dire que nous avons accompli plus de 6/10, soit 3/5 des tâches que nous nous étions fixées. C'est encourageant, mais il n'y a pas de quoi se congratuler, pouvez-vous penser. Une autre approche consiste à considérer que l'on est passé de 0/10 à 6,3/10 en moins de deux semaines. C'est excellent ! Nous pouvons être fiers de cette belle progression. Concentrons-nous sur l'aspect positif de cette remarquable avancée. Savourons notre victoire !

Votre analyse

Après vous être arrêté un moment sur l'importance de ce que vous venez d'accomplir, il est temps d'analyser en toute sérénité les raisons pour lesquelles certaines tâches sont restées inachevées ou non réalisées, afin d'identifier les causes de vos difficultés à avancer. Il est important d'aborder cette phase avec calme et distance, en vous concentrant sur les faits. En effet, vous êtes entré dans une phase de changement et il s'agit de rester dans cette dynamique. L'autodénigrement ne vous sera d'aucune utilité.

Poursuivons la réflexion sur notre exemple. Nous devons réfléchir sur les raisons de non-réalisation partielle ou complète de cinq de nos dix sous-tâches en identifiant, pour chacune, une ou deux raisons. Certaines causes identifiées pourront aboutir au repérage d'une nouvelle tâche urgente.

Tâche	% de réalisation	Cause de non-réalisation	Action à mener
1. Préparation avec la société Dumont.	70 %	Je n'ai pas toutes les informations sur les nouveaux projets que le directeur commercial de Dumont a présentés à mon chef il y a un mois.	Demander à mon chef de me briefer.
2. Deuxième partie du tableau de chiffre d'affaires par client et par mois.	40 %	J'avais sous-estimé le temps nécessaire.	Replanifier deux séances de travail de 2 heures chacune.

© 50MINUTES.fr

3. Deuxième partie du rangement de mon bureau.	Non fait	Aucune excuse valable. J'avais pourtant bien commencé lors de la première séance, mais je me suis laissé aller lors de la deuxième pour cause de fatigue, de lassitude, et de manque de motivation.	Replanifier une demi-journée de rangement. Peut-être en début de semaine et le matin.
4. Sauvegarde des données de mon ordinateur.	Non fait	J'ai peur de faire une fausse manipulation et de perdre des données	Demander de l'aide à un collègue.
5. Deuxième partie de la mise à jour de mon CV.	20 %	Lundi 17 janvier après-midi, j'ai dû remplacer un collègue malade.	Reprogrammer une séance.

© 50MINUTES.fr

Vous l'avez constaté, il s'agit d'être factuel. Même si la raison de la non-réalisation est un manque de motivation, comme dans le point numéro 3, l'idée est de faire face à cette réalité avec tranquillité et de reprogrammer tout simplement la tâche. Nous l'avons dit, le changement est un processus qui se fait par étapes. Accordons-nous le droit de retenter de faire ce que nous n'avons pas encore pu faire.

Vos nouveaux projets

Une fois ce bilan terminé, il s'agit de rester sur votre lancée et de continuer à utiliser la même méthodologie, en rédigeant une nouvelle liste de cinq actions à mener. Vous pouvez réintroduire certaines tâches non terminées de la précédente liste, à moins que de nouvelles priorités urgentes et importantes aient surgi depuis que cette précédente liste a été élaborée. Il est recommandé de s'en tenir à cinq tâches.

TOP CONSEILS

- Acceptez de regarder en face vos difficultés à agir, sans dramatiser, mais également sans vous dérober. Faites un constat à froid, en vous distanciant de vous-même, comme si vous analysiez le comportement d'une autre personne.
- Concentrez-vous sur les progrès accomplis plutôt que sur ce que vous n'avez pas encore réussi à faire. À chaque réalisation, fixez votre attention sur ce que vous avez réalisé par rapport à ce que vous n'aviez pas réalisé auparavant. Au besoin, notez ces réalisations sur un papier.
- Pratiquez la politique des petits pas. Comme pour la gymnastique ou le jogging, sachez doser vos efforts et ménager vos forces. « Qui veut aller loin ménage sa monture », nous affirme Racine (poète tragique français, 1639-1699) dans *Les Plaideurs* (1668).
- Songez que notre durée de vie moyenne s'est notablement allongée depuis 100 ans. L'homme contemporain bénéficie donc d'une

perspective de temps long. Il est important de s'en souvenir en sachant nous laisser du temps pour modifier notre comportement. Il n'est jamais trop tard pour évoluer.

- Congratulez-vous et récompensez-vous dès que vous avez réalisé une avancée. Vous aviez envie depuis longtemps d'une place de concert ? Offrez-la-vous quand vous estimerez que vous l'avez bien méritée.

- N'écoutez pas les mauvais conseils. Certains prétendent qu'on peut se débarrasser de sa tendance à procrastiner en confiant une somme d'argent à un ami. Il suffirait de lui faire promettre de ne pas nous rendre ladite somme si nous ne tenons pas telle ou telle ré-solution. Cela ne nous paraît pas valable parce que la réflexion en profondeur est absente de cette approche.

- Essayez de faire fi, dans votre mémoire, des messages négatifs que l'on a pu faire parvenir à votre inconscient dans votre enfance. Il n'est pas rare que nous ayons été conditionnés, sans le savoir, par des remarques qui nous ont renvoyé une image dévalorisante de nous-mêmes : « Tu n'arriveras à rien » ; « Tu es un incapable » ; « Dépêche-toi » ; « Fais plaisir aux adultes » ; « Ta sœur est brillante, toi non », etc.

- Ne craignez pas d'être un peu sur-organisé. Au début de votre démarche notamment, vous allez parfois vous sentir un peu maniaque, car votre comportement va changer du tout au tout. Le système de listes proposé vous transforme tout à coup en un nouveau personnage très planificateur. Jouez ce rôle pleinement, amusez-vous du changement de style qui s'opère en vous et savourez le plaisir de votre transformation.
- Accordez-vous dans la journée plusieurs moments pour inspirer et souffler à fond, ne plus penser à rien et vous sentir dans l'instant présent.

LE SAVIEZ-VOUS ?

Il existe une journée mondiale de la procrastination. Elle a lieu chaque 25 mars. Mais avec un peu de travail sur vous-même – à l'aide de nos conseils –, vous ne devriez pas avoir envie de participer à la prochaine édition !

FAQ

QUE DÉSIGNE EXACTEMENT LE TERME « PROCRASTINATION » ?

Provenant du latin *procrastinatio* (« ajournement, délai »), il s'agit d'un terme littéraire, mais néanmoins de plus en plus usité, signifiant « tendance à différer, à remettre au lendemain une décision ou l'exécution de quelque chose ; synonymes : ajournement, atermoiement » (*Le Trésor de la langue française informatisé*). Le verbe reste plus rare dans le vocabulaire actuel, tandis que le nom « procrastinateur », bien qu'absent des dictionnaires, se retrouve dans de nombreux ouvrages ou sites internet.

Attention, procrastiner n'est pas obligatoirement synonyme de ne rien faire, puisque l'on peut tout à fait accomplir certaines choses tout en repoussant à plus tard la réalisation d'une ou plusieurs tâches en particulier.

Henri Frédéric Amiel (écrivain suisse d'expression française, 1821-1881) écrit dans son monumental *Journal intime* (près de 17 000 pages !) : « Les atermoyeurs, procrastinateurs et lambins de mon acabit sont justement de ceux qui ne finissent rien et même ne commencent pas davantage. »

Proust (écrivain français, 1871-1922) a utilisé ce mot dans *La Prisonnière* (1923) : « Cette habitude, vieille de tant d'années, de l'ajournement perpétuel, de ce que M. de Charlus flétrissait sous le nom de procrastination ? »

Enfin, Colette (femme de lettres française, 1873-1954) dit quant à elle, dans *En pays connu* (1950) : « Je remercie à présent chacun des contretemps qui m'empêchèrent d'approfondir ma connaissance de la forêt rambolitaine : la paresse, l'âge, le penchant à procrastiner, et aussi le plaisir que j'eus d'habiter trop peu de temps […] un de ses sommets. »

EXISTE-T-IL UN PROFIL TYPE DU PROCRASTINATEUR ?

Non, il n'existe pas de profil type. Interrogez vos amis. Il est fort probable que tous sans exception procrastinent au moins une tâche. Selon le psychologue Piers Steel (expert en dynamiques d'organisation, auteur de *The Procrastination Equation*), 15 à 20 % de la population serait concernée par la procrastination.

Nous pouvons néanmoins souligner que l'adolescence, par les bouleversements hormonaux et psychologiques qu'elle suscite, peut être une période propice à la procrastination.

OBLOMOVISME

L'écrivain russe Ivan Gontcharov (1812-1891) a publié en 1859 un roman intitulé *Oblomov*, dans lequel il dessine le portrait d'un aristocrate apathique, *Oblomov* (*oblom* en russe signifie « cassure, brisure »), qui finit par faire corps avec le divan dans lequel il passe ses journées à procrastiner. Oblomov est devenu l'archétype de l'homme incapable d'agir et a entraîné la création du mot « oblomovisme ».

LA VIE MODERNE FAVORISE-T-ELLE LA PROCRASTINATION ?

L'effort n'occupe plus nécessairement une place centrale évidente dans nos vies modernes d'habitants de pays riches. Aller ramasser du bois pour se chauffer ne souffrait aucune possibilité de procrastination au risque de mourir de froid. Les situations quotidiennes dans lesquelles nous sommes susceptibles de mettre notre vie en danger sont relativement rares aujourd'hui. Ce n'est d'ailleurs probablement pas par hasard que c'est au XIXe siècle, avec la révolution industrielle, que le mot commence à être plus souvent utilisé.

À l'heure actuelle, dans nos sociétés occidentales, il semble se confirmer que le confort matériel et l'accès immédiat à l'information peuvent stimuler l'impulsivité et la paresse. La télévision 24 heures sur 24 et la télécommande ne sont pas forcément nos meilleurs alliés dans notre quête du sens de l'effort. Comment en effet développer le goût d'agir dans une société d'abondance ?

QUELLES SONT LES CAUSES POSSIBLES DE LA PROCRASTINATION ?

Si l'on reprend le mot « oblomovisme », on peut en effet considérer que la procrastination est liée à une rupture du ressort de la volonté d'agir. S'il est difficile de les qualifier de causes, certains caractères psychiques ont été identifiés comme fréquemment liés à des comportements de procrastination :

- **l'anxiété, la peur de l'échec, la peur de se confronter aux autres.** Ne pas faire permet ainsi de ne pas se risquer à l'échec ;
- **le perfectionnisme.** Plutôt ne pas faire les choses que risquer de les faire de manière imparfaite ;
- **la faible estime de soi.** Ne pas faire permet de vérifier l'idée selon laquelle je ne suis bon(ne) à rien ;
- **l'impulsivité.** Seule la perspective d'une émotion forte me motive. Si la perspective de passer une après-midi à classer mes factures ne me fait pas émotionnellement vibrer, je ne suis pas motivé ;

- **le besoin de se mettre en danger.** Ne pas faire me place parfois en situation périlleuse, ce qui est une manière de ressentir des émotions intenses ;
- **l'épuisement physique et/ou psychique** ;
- **le manque de sommeil ;**
- **une alimentation déséquilibrée.**

Il est indispensable que vous meniez une réflexion pour identifier laquelle ou lesquelles de ces caractéristiques vous concerne personnellement pour que vous puissiez avancer.

SI JE M'ADONNE À LA PROCRASTINATION, C'EST QUE JE DOIS EN TIRER DES BÉNÉFICES. LESQUELS ?

Lorsque vous vous installez dans un type de comportement, c'est que, malgré la souffrance qu'il provoque, vous en retirez un certain bénéfice. Des causes de la procrastination, on peut déduire les bénéfices. Procrastiner peut permettre :

- d'éviter de se confronter aux autres ;
- de se maintenir dans un état d'enfant protégé ;

- d'être rassuré par le fait de correspondre à l'image négative de soi que les adultes ont créée dans son enfance ;
- de cultiver l'image d'un personnage original, peu ordinaire, détaché des contraintes.

Sur ce plan aussi, une réflexion en profondeur s'impose à vous.

QUELLES SONT LES TÂCHES CONCERNÉES ?

La nature et l'ampleur des tâches concernées varient énormément selon les individus. On peut procrastiner au travail et être très actif à la maison, ou l'inverse. Il est possible que la procrastination affecte une tâche ou un domaine très précis, par exemple la manière de s'alimenter (« Demain, je commence mon régime ») ou l'organisation de son espace de vie (« Demain, je range mon bureau », « Demain, je lave mes vitres »). Enfin, on peut être fondamentalement procrastinateur et, dans ce cas, c'est l'ensemble de nos activités que l'on a tendance à reporter systématiquement.

EN COMBIEN DE TEMPS PUIS-JE ESPÉRER MODIFIER MON COMPORTEMENT ?

Lorsque vous aurez pris la décision sincère et profonde de changer, cela peut aller vraiment très vite. Vous pouvez attaquer votre plan d'action dès que vous aurez achevé la lecture de ce livret. Considérez que votre vie est entre vos mains et que c'est vous qui décidez désormais d'en faire ce que vous souhaitez.

JE N'ARRIVE PAS À DÉPASSER MA PROCRASTINATION SEUL, COMMENT PUIS-JE ME FAIRE AIDER ?

Si vous avez suivi notre programme à la lettre et que vous ne parvenez pas à réaliser au moins 40 % des actions prévues, nous vous recommandons vivement de consulter un coach, voire un psychothérapeute. Vous avez probablement besoin d'être aidé par un expert qui se penchera sur votre cas particulier en profondeur. Sachez que la décision de consulter constitue une étape décisive dans votre capacité à changer de comportement.

Vous pouvez également essayer de pratiquer la méditation de pleine conscience. Cela pourra vous aider à vous recentrer sur vous-même, à vous concentrer sur vos objectifs et à vous détendre si vous souffrez d'anxiété.

À VOUS DE JOUER !

« La porte du changement ne peut s'ouvrir que de l'intérieur. » (Jacques Salomé, psychosociologue et écrivain français, né en 1935)

Voici cinq toutes petites choses très faciles à faire avant d'attaquer votre plan d'action. Elles vous permettront d'accueillir le changement qui va s'opérer en vous.

- Le matin au lever, inspirez et soufflez profondément une dizaine de fois en levant les bras au ciel (sur l'inspiration) et en les ramenant doucement vers le bas (à l'expiration).
- Pendant une semaine, supprimez un élément dans votre alimentation quotidienne et remplacez-le par un autre. Peu importe l'aliment que vous choisirez, c'est la démarche qui compte. Par exemple, remplacez le pain par des biscottes, le café par du thé, la salade verte par de la mâche, etc. Si au bout d'une semaine vous n'êtes pas mort de frustration, poursuivez l'expérience.

- Pendant une semaine, changez une partie de votre itinéraire habituel. Ajoutez-y cinq minutes de marche, faites un détour, prenez le bus au lieu du métro, etc.
- Notez chaque jour au moins un événement amusant qui vous est arrivé dans la journée. Voir l'aspect drôle de la vie va vous insuffler de l'énergie. Relisez vos notes de temps en temps.
- Le soir au coucher, prenez quelques instants pour visualiser une scène dans laquelle vous agissez en toute tranquillité. Imaginez-vous en train de réaliser l'action qui se trouve en première place sur votre liste et observez-vous en train de la faire. Très concrètement, vous devez voir la scène se dérouler sous vos yeux.

Votre avis nous intéresse !
Laissez un commentaire sur le site de votre
librairie en ligne et partagez vos coups de cœur sur
les réseaux sociaux !

POUR ALLER PLUS LOIN

SOURCES BIBLIOGRAPHIQUES

- BANDLER (Richard), *Un cerveau pour changer. Comprendre la PNL*, Paris, Pocket, 2008.

- *Le Trésor de la langue française informatisé.* http://atilf.atilf.fr/dendien/scripts/tlfiv4/showps.exe?p=combi.htm;java=no;

- PERRY (John), *La procrastination. L'art de reporter au lendemain*, Paris, Poche Marabout, 2014.

- STEEL (Piers), *Procrastination. Pourquoi remet-on à demain ce qu'on peut faire aujourd'hui ?*, Paris, Privé, 2010.

- THICH (Nhât Hanh), *La plénitude de l'instant. Se réconcilier avec soi-même et avec autrui*, Paris, Poche Marabout, 2013.

SOURCES COMPLÉMENTAIRES

- GONTCHAROV (Ivan), *Oblomov*, Paris, Folio, 2007.

- KOELTZ (Bruno), *Comment ne pas tout remettre au lendemain*, Paris, Odile Jacob, 2006.

- LAUNAY-DUHAUTBOUT (Anne), MULLER (Jean-Louis) et TESTA (Jean-Pierre), *Managez votre temps et vos priorités*, Paris, ESF Éditeur, collection « Les Guides pratiques de la Cegos », 2014.

- NEURY (Daniel), *Plus efficace sans travailler plus*, Paris, Vuibert, 2010.

50MINUTES.fr

Art & Littérature

Coaching Pro

Business

Book Review

Histoire & Société

Santé & Bien-être

SOYEZ LÀ
OÙ ON NE VOUS ATTEND PAS !

www.50minutes.fr

L'éditeur veille à la fiabilité des informations publiées, lesquelles ne pourraient toutefois engager sa responsabilité.

© 50MINUTES, 2016. Tous droits réservés.
Pas de reproduction sans autorisation préalable.
50MINUTES est une marque déposée.

www.50minutes.fr

ISBN ebook : 978-2-8062-7674-2
ISBN papier : 978-2-8062-7675-9
Dépôt légal : D/2016/12603/68
Photo de couverture : © pathdoc - Fotolia.com

Conception numérique : Primento,
le partenaire numérique des éditeurs